DES SUITES

DE LA

CONTRE-RÉVOLUTION de 1660

EN ANGLETERRE.

Par BENJAMIN CONSTANT.

A PARIS,

Se vend chez F. Buisson, Imprimeur-Libraire, rue Haute-Feuille, N.º 20.

An VII.

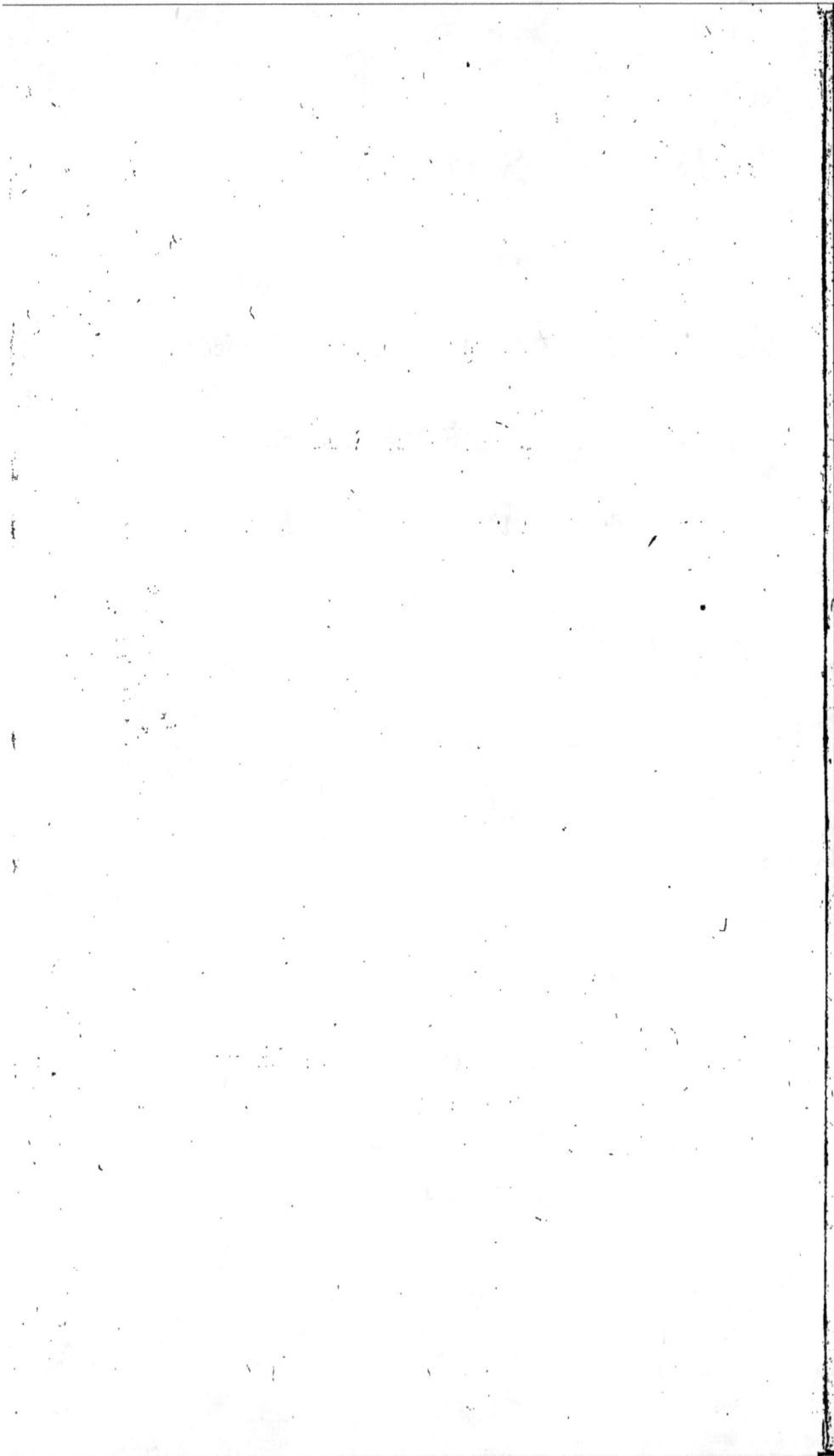

PRÉFACE.

Un écrivain, distingué par le double mérite du talent et du courage, vient de nous peindre avec vérité, dans un ouvrage sur le rétablissement de la monarchie en Angleterre, les crimes et le délire des oppresseurs de la république anglaise; mais il a passé sous silence les crimes non moins grands des restaurateurs de la royauté.

Il nous a retracé, avec étendue, la route suivie par le prétendant, pour remonter sur le trône, et les engagemens contractés, et

les amnisties promises, et les protestations prodiguées; mais il a
négligé de nous montrer ces engagemens violés, ces amnisties
enfreintes, ces protestations fou-
lées aux pieds.

Je conçois, et je partage l'horreur d'une ame libre, contre les
hommes qui déshonorent les institutions républicaines, que la vertu
seule doit défendre. Mais mon indignation n'est pas moins vive
contre les institutions royales, que
la tyrannie seule peut maintenir.

Il est nécessaire, assurément,
de relever les fautes d'une administration vicieuse ou trompée :
il est utile d'offrir à tous les gou-

vernemens qui veulent être libres,
l'exemple d'une république dont
la corruption et la sottise s'étoient
emparées, pour leur prouver que
la sottise et la corruption sont la
perte de la liberté : mais ce que
nous détestons avec raison dans
les dominateurs de la république
anglaise, tout l'échafaudage du
despotisme au nom du peuple, est
le systême aussi du despotisme au
nom d'un roi ; et loin que la restauration de 1660 ait réparé les
malheurs attachés au pouvoir arbitraire, elle n'a fait que rétablir,
comme un droit légitime, ce que
le soulèvement national venoit
d'arracher aux usurpateurs.

Je me propose de raconter ce qui suivit la chûte de la république en Angleterre. Je dirai comment Charles II, après avoir tout fait pour rassurer les Anglais , trompa misérablement ceux qui s'étoient laissés rassurer par lui ; et je rappelerai les détails d'un règne mal connu, parce que les historiens de la monarchie ont toujours officieusement rejeté ces détails dans l'ombre.

Les sources dans lesquelles je puiserai les faits ne pourront être suspectes. Je consulterai Clarendon , compagnon de Charles dans son exil, et toujours adorateur de la royauté , bien que mort loin de sa patrie; car il fut exilé lui-même par le roi qu'il avoit servi, pour avoir voulu conserver, après le triomphe de son maître, dans les lois quelque liberté, et dans les actions quelque scrupule. Je citerai souvent Hume, modéré par philosophie, mais royaliste par principes. Je citerai Burnet, ennemi de Charles II, il est vrai, mais qui, néanmoins, avoit toujours regardé la république anglaise comme une chimère, ses fondateurs comme des criminels, et la restauration comme un bien. Je ne me servirai des mémoires de Ludlow, l'un des hommes les plus remarquables et les plus incorruptibles de cette époque, que lorsqu'ils éclaireront ou appuieront les écrivains précédens. Enfin je n'en appellerai jamais à l'autorité de madame Macaulay, qui a cru que les républicains devoient faire de l'histoire un plaidoyer contre les rois.

L'état actuel de la république m'a paru un motif additionnel d'entreprendre cet ouvrage. Des hommes de tous les partis semblent annoncer, par leurs écrits et par leurs discours, qu'une transaction seroit desirable, que des conditions seroient possibles. Je veux prouver que des conditions entre la république et la royauté,

ne sont jamais que des stipula-
tions mensongères, pour désarmer ceux qu'on veut punir ; que
les transactions avec les rois sont
toujours sans garantie ; que la
même impulsion qui porte à relever la puissance monarchique,
porte inévitablement à renverser
toutes les barrières dont on veut
entourer cette puissance; et que
la nation qui ne sait pas vivre
sans un maître, sait encore moins
le contenir.

Quel que soit le succès de mes
efforts, un sentiment qui m'est
doux ne pourra m'être enlevé ;
j'aurai pris envers la république
un engagement de plus. Je ne

crois point au danger qui semble
nous menacer , et qu'on exagère
avec complaisance. Mais s'il exis-
toit, ce danger, l'ambition d'un
républicain seroit de réclamer sa
part de la proscription qui se prépare, et de profiter du tems qui
lui reste, pour marquer encore
mieux sa place parmi les amis de
la liberté.

La république anglaise étoit renversée. Le même peuple, qui, durant neuf ans, avoit soutenu, contre les usurpations royales, une lutte obstinée et sanglante, insouciant maintenant de ses priviléges, et ne croyant plus à des droits que lui avoient ravi, tour-à-tour, deux espèces de tyrannie, se précipitoit avec enthousiasme dans l'esclavage. Les restes du long parlement, réunis en convention, consumoient les derniers momens de leur existence en servilités expiatoires. Dans des proclamations emphatiques, ils annonçoient aux peuples d'Angleterre que leur roi leur étoit rendu; mais ils se hâtoient d'ajouter que, pour être leur souverain légitime, ce roi n'avoit certes pas besoin de leurs proclamations ni de leur aveu (1).

_____

(1) Although it can no way be doubted, but

La ville de Londres manifestoit au roi
sa surprise et sa reconnoissance de ce
qu'il daignoit faire grace à son peuple ,
et protestoit que ce peuple coupable
n'auroit osé compter sur cet excès de
bonté (1). L'armée , la flotte , toutes
les corporations civiles et religieuses se
confondoient en expressions de repentir,
en protestations d'obéissance. Les agens
de Cromwell couroient au-devant de
Charles II. Les instrumens de l'usur-

---

that his majesty's right and title to his crown and
kingdoms , is and was every way compleated , by
the death of his most royal father, of glorious me-
mory, without the ceremony or solemnity of a
proclamation , yet , etc. etc. etc. Clarendon , partie III , page 763.

(1) Parliamentary history, vol. XXII, pag. 259,
a grace , they did not presume to think themselves
entitled to , on any other account than that of his
gracious inclinations.

pation alloient saluer la monarchie. In-
goldsby, l'un des juges du roi, mais qui
déclaroit l'avoir condamné contre sa
conscience (1), et qui, pour mériter sa
grace, s'étoit hâté de charger de fers
des républicains ses amis (2), l'avare
et perfide Monk, le chevalier Ashley
Cooper (3), le plus vil courtisan du pro-
tecteur, et qui l'avoit pressé sans cesse
de se faire proclamer roi (4), se distin-
guoient dans cette procession d'esclaves,
par la bassesse de leurs hommages. Pas
une voix d'opposition n'osoit s'élever.

(1) Clarendon, part. III, p. 763.
(2) Hume, X, 367, édition de Bâle.
(3) Depuis comte de Shaftsbury, et lord-chan-
celier.
(4) He was one of those who pressed him (Cromwell) most to accept of the Kingship. Burnet 'shis-
tory of his own time, vol. I, pag. 136, édition
d'Edimbourg, n.o 1758.

Les défenseurs de la liberté, détenus, ou cachés, ou fugitifs, attendoient en silence l'amnistie qui devoit consolider leur opprobre, et la mort qu'ils prévoyoient bien devoir succéder à cette amnistie violée. Le peuple, étourdi du bruit des canons et du son des cloches, ébloui d'une pompe inusitée, remplissoit les rues de ses cris tumultueux, et ne voyoit, dans la restauration de son maître, qu'une occasion de se livrer sans réserve à l'abrutissement de l'ivresse, et aux excès de la licence. Ceux, surtout, qui de quelque manière s'étoient fait remarquer sous la république, pensoient, comme dit Burnet (1), ne pouvoir mieux désarmer les défiances, qu'en se distinguant par la grossièreté de leurs plaisirs et l'ostentation de la débauche.

---

(1) Burnet, vol. I, pag. 130.

Ils espéroient que la dissolution de leurs mœurs paroîtroit la meilleure garantie qu'il ne restoit dans leur ame aucune étincelle de liberté. Ce fut au milieu de ce sentiment universel , aux acclamations d'une foule immense, à la vue du parlement prosterné (1), que Charles II, le 29 mai 1660, remonta sur le trône que l'esprit républicain avoit anéanti.

Tout annonçoit un règne clément. Tant de soumission , tant d'idolâtrie devoit désarmer l'ame la plus sombre et la plus vindicative. Charles étoit jeune , élevé dans le malheur, loin de la puissance corruptrice ; ses formes étoient douces, son esprit délicat, son éloquence persuasive , ses manières ouvertes et séduisantes. Il s'étoit montré jusqu'alors

_____

(1) V. la répouse de la Chambre des Communes au roi. Clarendon , part. III, pag. 758.

ami du plaisir qui amollit le caractère,
compagnon de ses courtisans, plutôt que
leur roi, amant généreux, ami fidèle,
maître indulgent et facile (1). Ceux qui
l'entouroient s'étoient interdits publiquement toute idée de sévérité et de
vengeance. Dans une déclaration solem-
nelle, qui avoit précédé et facilité la restauration, la haute noblesse, les gen-
tilshommes, le clergé, tout le parti du
dernier roi, avoit annoncé l'oubli le plus
complet de toutes les divisions passées,
et demandé *que jusqu'au nom de toutes
les factions qui avoient existé, fût ense-
veli sous les fondemens de l'édifice constitutionnel* (2).

---

(1) V. Hume, XII, 64; Burnet, I, 130; II, 463.

(2) That all mention of parties and factions,
and all rancor and animosities may be thrown in,
and buried, like rubbish, under the foundation.
Clarendon, part. III, p. 753.

Tels

Tels étoient les présages de douceur et de paix de ce nouveau règne; et néan-moins, en avançant, nous allons voir suc-cessivement ces présages disparoître, le repos, la sécurité, la vie, enlevés à ceux même qui pactisoient avec le trône à ce prix, et la nature violente d'une con-tre-révolution, l'emporter à la fin sur le caractère même du monarque, et sur toutes les barrières qu'on s'étoit flatté d'opposer à la réaction de la vengeance.

Le premier acte de Charles II fut une proclamation, ordonnant aux juges de son père de se rendre en prison dans quinze jours, sous peine d'être exceptés de l'amnistie que l'on préparoit (1). Dix-neuf obéirent; le reste se dispersa. Quelques-uns furent pris; d'autres échappèrent.

Le parlement alors s'occupa de l'am-

---

(1) Hume, XI, 6.

B

nistie. Nous ne rapporterons pas les pro-
positions violentes, faites de tous côtés
par des hommes avides de réparer (1).
Au milieu de cette épaisse nuit de dégradation, l'on voit briller un seul acte
de courage. Fairfax, qui avoit désap-
prouvé le supplice de Charles I.er (2),
qui avoit refusé de servir l'usurpation
de Cromwell, Fairfax, infirme et vieux,
fit pour la dernière fois entendre, dans
cette assemblée d'esclaves, le langage
d'un homme libre : *Si quelqu'un*, leur
dit-il, *mérite d'être excepté de cette
amnistie que vous voulez limiter, c'est
moi, général de l'armée républicaine
durant toute la guerre, moi, commandant encore cette armée lors des procédures contre le roi, et qui pouvois,*

_____

(1) Hume, XI, 6.
(2) Hume, X, 134-189.

si je l'eusse jugé convenable, employer la force publique, pour empêcher son jugement ou sa mort (1). Cette voix d'un vieillard ne fut point écoutée, et le comte de Bristol insistoit, pour excepter du pardon quiconque auroit servi le parlement (2), lorsque Charles II se donna le mérite de la clémence.

L'amnistie fut publiée, les juges du roi furent exceptés, ainsi que deux hommes qui n'étoient pas de ce nombre, le général Lambert, et le chevalier Vane.

Il fallut alors établir un tribunal, pour juger ces hommes condamnés d'avance, puisqu'ils étoient exceptés de l'amnistie. Ce tribunal fut composé de trente-quatre commissaires, dont quinze avaient été les ennemis les plus furieux de Char-

---

(1) Mémoires de Ludlow, tom. III, p. 11, traduction française, édition d'Amsterdam, 1707.

(2) Hume, XI, 6.

les I.er (1), et convertis zélés, se trou-
voient heureux, sans doute, d'avoir des
victimes à immoler à leur nouveau culte.

Nous n'examinerons point ici la sentence qu'ils prononcèrent. Lorsque la
royauté se relève , les juges d'un roi
doivent périr. Nous n'examinerons pas
non plus jusqu'à quel point la mort de
Charles I.er fut nécessaire; il auroit mieux
valu, peut-être , le reléguant au-delà des
mers , donner au monde le grand spectacle d'une nation souveraine et d'un
roi pardonné.

Mais il ne s'agit plus de prononcer
sur les juges de Charles I.er pendant
leur vie ; il s'agit de les voir mourir ;
et le témoignage de Hume lui-même
nous apprend que jamais un courage
plus calme, une sérénité plus entière,

---

(1) Ludlow, III, 65.

des signes plus irrécusables de l'amour le plus vrai de la liberté, n'accompagnèrent des accusés au milieu des gardes, dans les fers et sur l'échafaud (1).

Toùs ces hommes s'étoient montrés les ennemis les plus violens de l'usurpation protectorienne : ils sortoient à peine des cachots où les avoit fait plonger Cromwell (2) ; et tels qu'ils auroient paru devant ses satellites, tels ils parurent devant les commissaires du roi. *L'action que vous me reprochez*, leur dit Harrison, *n'a pas été commise*

---

(1) No saint or confessor ever went to martyrdom with more assured confidence of heaven, than was expressed by those criminals, even when the terrors of immediate death, joined to many indignities, were set before them. Hume, XI, 13.

(2) Harrison et Vane au château de Carisbrook dans l'île de Wight, Carew à Pendennis en Cornouailles. Ludlow, II, 58-143.

3

dans les ténèbres, mais à la face de l'univers, et sa renommée a parcouru les nations. Pourquoi donc instruire, informer, interroger ? Sont-ce mes intentions que vous voulez connoître ? ma conduite les découvre assez. Tous les appâts de l'ambition, toutes les terreurs de la captivité n'ont pu me faire courber le front devant le tyran (Cromwell) que vous avez remplacé. Invité par lui à m'asseoir à la droite de son trône, sollicité d'accepter des richesses, des honneurs et du pouvoir, j'ai rejeté ces offres avec dédain ; et négligeant les pleurs de mes amis et de ma famille, pauvre, menacé, captif, j'ai fourni sans tache la carrière de la liberté (1).

Après lui mourut Thomas Scott, qui

---

(1) Hume, XI, 10.

s'étoit opposé le dernier à la restauration de Charles II, et qui, lorsque déjà l'assemblée épouvantée reculoit devant sa conduite précédente, et que chacun s'empressoit à l'envi de désavouer ses actes, en les attribuant à la contrainte, s'étoit levé dans le parlement : *Je ne sais*, avoit-il dit, *où mettre ma tête à couvert ; mais je ne veux pas, dans le silence, participer à de lâches subterfuges ; et le dernier desir que j'exprime dans cette assemblée, libre encore, est qu'on écrive sur mon tombeau : Ci gît Thomas Scott, qui a condamné à la peine de mort Charles I.er, roi d'Angleterre* (1).

D'autres, plus obscurs, mais non moins courageux, partagèrent le même sort. Ces supplices fréquens n'interrompirent

_____

(1) Ludlow, II, 426; Hume, XI, 11.

point, comme le remarque Hume (1), les réjouissances de la cour ; mais le peuple ne conserva pas la même indifférence. Les discours des condamnés, leur courage, leurs apologies de la mort de Charles I.er, produisirent une impression tellement profonde, que le roi fut conseillé de transporter les exécutions dans un lieu moins fréquenté (2). A une époque plus rapprochée, vers la fin de la tyrannie décemvirale, les bourreaux de la France furent réduits au même expédient, pour appaiser l'horreur du peuple qui s'irritoit de tant de massacres.

L'un des jugemens à mort qui révoltèrent le plus, fut celui du chevalier Vane. Le chevalier Vane n'étoit pas du nombre des juges de Charles I.er ; il

_____

(1) Hume, XI, 12.
(2) Burnet, I, 235.

avoit, au contraire, demandé avec instance que l'on ne tachât pas de sang le
berceau de la république ; il s'étoit retiré
lorsque, malgré son opinion, la sentence avoit été prononcée (1) ; il n'a-
voit repris une part active aux affaires,
que pour s'opposer à Cromwell ; il avoit
écrit contre cet usurpateur, et subi, par
son ordre, une longue détention (2).
L'opinion qu'on avoit de son intégrité
étoit telle, qu'à la restauration de Charles II, les deux chambres du parlement,
voyant le chevalier Vane excepté de
l'amnistie, avoient, malgré leur entraî-
nement royaliste, adressé des réclamations en sa faveur (3) : ces réclamations
n'avoient obtenu qu'une réponse éva-

---

(1) Burnet, I, 237.
(2) Ludlow, III, 118.
(3) Hume, XI, 41 ; Burnet, I, 236.

sive : la cour avoit attendu deux ans, traînant cet accusé de prisons en prisons. Un nouveau parlement, plus zélé, comme le dit Hume, pour la monarchie (1), demanda au roi le sang du chevalier Vane : on lui fit son procès comme membre du conseil d'état, et secrétaire de la marine sous la république, sans l'accuser d'un autre délit que de s'être opposé au renversement du gouvernement républicain (2) : il se défendit avec courage, non qu'une espérance trompeuse lui fît illusion ; mais il crut devoir prendre une occasion dernière de justifier la cause qu'il chérissoit. Il dit « que sa fidélité à la répu-

---

(1) This new parliament, *more zealous for monarchy*, applied for their trial and condemnation. Hume, XI, 41.

(2) Hume, XI, 42.

» blique étoit un devoir ; qu'il n'avoit
» commis , pour la défendre , aucun
» crime ; qu'il n'étoit coupable d'aucune
» violence ; qu'il avoit servi son pays
» avec zèle et succès ; qu'il avoit af-
» fronté , sans s'effrayer , la tyrannie
» de Cromwell ; qu'il étoit prêt à braver
» avec la même constance les rigueurs
» du gouvernement actuel , et de la loi
» pervertie ; qu'il auroit pu , comme
» bien d'autres , à la restauration du roi ,
» chercher un asile hors de l'Angle-
» terre ; mais qu'il avoit préféré , à l'i-
» mitation des noms les plus illustres
» des siècles anciens , périr dans la dé-
» fense de la liberté , et témoigner par
» son sang en faveur de la cause honora-
» ble à laquelle il avoit voué sa vie (1). »

----

(1) Cette défense du chevalier Vane est traduite
littéralement de Hume , XI , 41-45.

Jusqu'ici nous n'avons raconté que le traitement qu'éprouvèrent les fondateurs ou les partisans les plus zélés de la république anglaise. Ces vengeances de parti, qui semblent se borner aux chefs, peuvent ne pas effrayer la foule passive, dont la destinée est l'obéissance, et dont les excès même se perdent dans l'obscurité ; mais nous allons voir les vengeances de la royauté percer cette obscurité tutélaire, son bras frapper en masse, et la proscription descendre confusément jusques sur une multitude, dont les noms même lui étoient inconnus.

Nous commencerons par l'Ecosse, parce que cette partie de la Grande-Bretagne fut la première à la merci du roi. Charles, dans ses lettres de Hollande au parlement d'Angleterre, avoit annoncé une amnistie ; l'Ecosse, au con-

traire, n'avoit rien obtenu de pareil (1):
le parlement de Stirling, il est vrai,
avoit passé un acte d'oubli auquel le roi
avoit donné son approbation ; mais les
registres de ce parlement s'étoient per-
dus (2). Les cavaliers, à la tête desquels
étoit le comte de Middelton, sollicitoient
avec instance, tant pour assouvir leur
ressentiment, que pour se partager l'hé-
ritage des condamnés, le supplice de
tous ceux qui avoient pris part aux
guerres civiles (3). Ce comte de Middelton, auquel Charles II confia le gouvernement de l'Ecosse, se livroit habi-
tuellement aux excès du vin, et l'ivresse

---

(1) Burnet, I, 148 ; Hume, XI, 24.

(2) Burnet, I, 149.

(3) All the cavaliers, as they were full of revenge,
hoped to have the estates of those who had been
concerned in the late wars, divided among them.
Burnet, I, 148.

rendoit en lui la cruauté plus insen-
sée (1). La première victime fut le marquis d'Argyle, l'un des chefs des montagnards de l'Ecosse, un homme d'un caractère sévère , d'une fierté indompta-
ble, superstitieux , comme on l'étoit à
cette époque , mais irréprochable dans
ses mœurs, et l'objet de la vénération
profonde des Ecossois (2). Il paroissoit
à l'abri de toute accusation, par deux
actes de pardon, l'un sanctionné par
Charles I.er en 1641, l'autre en 1651 par
Charles II (3). Son fils, lord Lorn,
avoit été de tout tems le plus zélé dé-
fenseur de la royauté (4) ; il avoit bravé
plusieurs dangers, et subi une détention

---

(1) Hume, XI, 118 ; Burnet, I, 205.
(2) Burnet, I , 35.
(3) Hume, XI, 24.
(4) Burnet, I, 150.

de dix ans pour cette cause (1). Le marquis d'Argyle écrivit au roi, pour lui demander la permission de se rendre auprès de lui. Charles répondit en termes obligeans, mais équivoques. Le marquis d'Argyle, arrivé à Londres, fut envoyé à la tour, et renvoyé de là en Ecosse (2). Son procès fut instruit avec une grande solemnité : on ne put l'accuser que de s'être soumis à l'usurpation ; un crime, dit Hume, qu'il partageoit avec le peuple entier des trois royaumes (3) ; mais, pour faire paroître cette soumission plus volontaire, Monk, alors devenu duc d'Albemarle, publia sa propre correspondance avec le marquis d'Argyle, pen-

---

(1) Hume, XII, 9.

(2) Burnet, I, 150.

(3) Nothing remained but to try him for his compliance with the usurpation, a crime common to him with the whole nation. Hume, XI, 24.

dant la durée de la république : cette, inexcusable lâcheté , bien digne du caractère de Monk, répandit une indignation mêlée de terreur ; mais le parlement n'hésita pas à fonder sa sentence sur ces lettres divulguées (1). Argyle mourut avec constance et courage. Son fils , quelque tems après , fut condamné lui-même à mort , sur une lettre interceptée : il disoit dans cette lettre , qu'il avoit appris que ses ennemis le calomnioient près du roi ; mais qu'il étoit parvenu à désabuser sa majesté. Une loi de la Grande-Bretagne , tombée dès long-tems en désuétude , déclare coupable de haute-trahison quiconque sème la discorde entre le roi et ses sujets. L'on prétendit qu'en dévoilant au roi les artifices de ses ennemis , lord Lorn avoit semé la dis-

_____

(1) Burnet , I , 178 ; Hume , XI , 25.

corde

corde entre lui et eux, et la loi lui fut appliquée (1). La sentence resta sans exécution ; mais, dans la suite, lord Lorn, en prêtant son serment de fidélité au roi, ayant ajouté qu'il regardoit comme une partie de ce serment l'obligation de faire tout ce qui seroit en sa puissance pour servir la religion et l'état, ces paroles furent considérées comme

---

(1) This letter (of lord Lorn) was carried into the parliament and complained of as *leasing-making*, since lord Lorn pretended he has discovered the lies of his enemies to the king, which was a sowing dissension between the king and his subjects, and the creating in the king an ill opinion of them...... he was upon this condemned to die, as guilty of leasing-making. Burnet, I, 214-215. Lorn was tried upon an old, tyrannical, absurd law against leasing-making, by which it was rendered criminal to belie the subjects to the king, or create in him, an ill opinion of them : he was condemned to die. Hume, XI, 114.

C

un crime de haute - trahison (1) ; il fut
de nouveau condamné à mort : pendant
quelque tems encore il déroba sa tête au

---

(1) Cet exemple d'injustice est tellement incroyable, que je crois devoir traduire ici les propres expressions de Hume. *Lorsque lord Lorn*, dit-il, *alors comte d'Argyle*, *prêta son serment comme membre du conseil privé*, *il ajouta*, *en présence du duc de York*, *une explication qu'il avoit auparavant communiquée à ce prince*, *et qu'il croyoit avoir reçu son approbation. Elle étoit conçue en ces mots : J'ai attentivement examiné le serment que l'on exige*, *et mon plus vif desir est de donner*, *dans cette occasion*, *une preuve d'obéissance. Je suis convaincu que le parlement n'a pu vouloir imposer des sermens contradictoires; en conséquence*, *chacun doit interpréter celui-ci de la manière qui lui paroît la plus raisonnable. Je le prête donc*, *en tant qu'il n'est pas contradictoire en lui-même*, *et subversif du protestantisme. Mais je déclare que je ne me regarde nullement comme obligé de m'abstenir de ce que je croirai avantageux à la religion et à l'état*, *et compatible avec mes devoirs envers le roi. Le duc de York écouta ces paroles sans donner le*

supplice ; mais il périt enfin sur un échafaud (1).

---

moindre signe de mécontentement. Argyle fut admis
à siéger dans le conseil d'état ; et il étoit impossible
d'imaginer qu'un discours qui n'avoit pas excité la
moindre désapprobation, seroit travesti le lendemain
en crime de lèze-majesté. Argyle fut néanmoins arrêté
quelques jours après, comme accusé de haute-trahison,
de leasing-making, (acte de semer la dissention entre
le roi et ses sujets), *et de parjure. Les expressions*
les plus innocentes servirent ainsi de base à une accu-
sation qui devoit lui ravir l'honneur, la fortune et
la vie. Les formes de la loi ne furent conservées
qu'afin de légitimer, ou pour mieux dire, d'aggraver l'op-
pression. De cinq juges, trois trouvèrent Argyle cou-
pable. Un juré, composé de quinze nobles, le déclara
convaincu. La sentence fut prononcée. Son exécution
ayant été suspendue, Argyle s'échappa de prison. Il
fut dégradé de noblesse, et tous ses biens furent con-
fisqués. Tous les détails de cette procédure, ajoute
Hume, *furent infâmes et incompatibles, non-seule-*
ment avec un gouvernement libre, mais avec un gou-
vernement civilisé. Hume, XII, 11-13.

(1) Burnet, II, 3-38.

Après avoir frappé le peuple écossais, dans l'un de ses hommes les plus distingués, le gouvernement descendit à des vengeances plus obscures. Un ministre nommé Guthrie, fut pendu pour avoir prêché, dix années auparavant, d'une manière offensante pour le roi, bien qu'en faveur de sa cause (1). L'*on ne put s'étonner de son supplice*, ajoute Hume ; *car il avoit blessé Charles personnellement* (2). Le comté de Tweedale ayant réclamé contre cet arrêt, fut mis en prison, au mépris des priviléges du parlement (3). Un artisan, nommé Gowan, fut exécuté, pour avoir, en 1650, déserté l'armée royale où il était simple soldat, et servi depuis dans

---

(1) Burnet, I, 160.
(2) Hume, XI, 25.
(3) Burnet, I, 185.

l'armée républicaine (1). Warristoun,
un vieillard, dont le seul crime étoit
d'avoir fait un instant partie de la cham-
bre-haute, formée par Cromwell, après
une résistance de sept années aux pro-
positions de l'usurpateur, fut saisi en
France, où il avoit cherché un asyle.
Traîné en Ecosse, dans un état de ma-
ladie qui lui avait ravi l'usage de la
raison, il fut traduit devant ses juges,
qui purent à peine lui faire comprendre
qu'il étoit accusé. Dans quelques inter-
valles lucides, il essaya de se défendre ;
mais sa raison l'ayant abandonné, les
juges prononcèrent et firent exécuter la
sentence de mort (2).

Ces châtimens partiels, ces exécutions
détaillées ne suffirent pas long-tems au

_____

(1) Burnet, I, 181.
(2) Burnet, I, 297.

gouvernement. Les proscriptions ne sont
jamais si terribles que lorsqu'elles sont
rédigées en lois générales ; et ce n'est
que sous cette forme, que la fureur des
partis peut enlacer ses victimes, et ré-
gulariser avec complaisance tout le mal
qu'elle est avide de faire. Le parlement
d'Ecosse déclara nulles toutes les lois
promulguées depuis l'année 1633 (1).
Il renversa de la sorte, dit Hume,
*toutes les barrières élevées en faveur
de la constitution* (2). Il soumit, par
ce seul acte, 30 années à des lois ré-
troactives. Il accorda au roi et à son
conseil le droit d'imposer des amendes
arbitrairement ; ajoutant que le refus de
les acquitter, seroit une cause d'exclu-
sion de l'amnistie que l'on préparoit (3).

---

(1) Burnet, I, 167.
(2) Hume, XI, 22.
(3) Burnet, I, 216 ; Hume, XI, 115.

L'on ne prenoit en considération , nous disent Burnet et Hume , ni les crimes des accusés , ni leur fortune. L'on ne demandoit aucune preuve ; l'on ne faisoit aucune recherche ; l'on n'écoutoit aucune réclamation ; les dénonciateurs se présentoient devant une commission secrète , et cette commission fixoit les amendes pour chacun des dénoncés. Le parlement, par un nouvel acte, par un acte inoui dans les fastes de la vengeance, déclara criminel quiconque solliciteroit le roi de rendre aux enfans des condamnés leur rang ou leur patrimoine (1). Il n'attacha à ce crime aucune peine, parce que c'étoit une maxime reçue parmi les jurisconsultes , qu'attacher une peine à un délit, étoit limiter la puissance royale ; au lieu

_____

(1) Burnet, I, 215 ; Hume, XI, 115.

4

qu'interdire une action , sans annexer
à la transgression de cette loi une
peine légale , étoit donner au roi ,
sur le criminel, une puissance discré-
tionnaire (1). Le parlement ressuscita
les statuts les plus tyranniques d'une
jurisprudence oubliée. Le génie de la
servitude , se défiant de lui-même , et
comme importuné des lumières qui l'entouroient , évoqua les siècles de la bar-
barie la plus épaisse, pour leur demander des lois , des supplices et des fers.
Nous avons vu lord Lorn condamné à
mort pour avoir semé la discorde entre

---

(1) The court lawyers had established it as a
maxim , that the assigning a punishment was a
limitation of the crown ; whereas a law, forbidding
any thing , though without a penalty , made the
offender criminal. And in that case , they deter-
mined that the punishment was arbitrary. Hume, XI,
115 ; voyez aussi Burnet, I, 215.

le roi et ses sujets. Cette loi absurde
fut confirmée (1) : une autre le fut de
même, qui mettoit hors la loi ceux qui
donnoient un asyle aux hors la loi (2),
ou même qui ne les saisissoient pas, lorsqu'ils en avoient le pouvoir (3). Une
troisième fut renouvelée, autorisant le

---

(1) *Tout accès au trône fut interdit par la loi ri-
dicule appelée* leasing-making, *une loi inventée par
les anciens nobles, pour s'assurer l'impunité dans tous
leurs actes d'oppression, d'injustice et de tyrannie.*
Hume, XI, 278.

(2) La mise hors la loi n'est pas en Angleterre
ce qu'elle a été parmi nous en France depuis la révolution. C'est une espèce d'interdiction civile, qui
met un individu hors de la protection des lois, de
manière qu'il est incapable d'intenter aucune action,
et privé de tout recours pardevant les tribunaux.
Tous les magistrats sont de plus invités à l'arrêter,
et ses biens sont confisqués au profit du roi. Voyez
Blackstone's Commentaries on the laws of England.
Vol. I, 142; III, 284; IV, 319.

(3) Burnet, II, 155; Hume, XI, 287.

roi à s'emparer de toute maison qu'il jugéroit convenable, pour y placer des soldats (1). Une quatrième, qui n'avoit jamais été en usage qu'entre les particuliers, permettoit à tout homme qui se croyoit en danger de la part d'un autre, de lui demander une caution de sa conduite envers lui (2). Le parlement, mêlant, comme dit Hume, la chicane à la tyrannie (3), prétendit que cette loi devoit s'appliquer au peuple entier, et que le roi pouvoit exiger de la nation une caution de sa soumission future. Enfin, ce parlement d'Ecosse, voulant fournir à Charles les moyens de subjuguer aussi l'Angleterre, vota qu'une armée de 20,000 hommes d'in-

_____

(1), Burnet, II, 156; Hume, XI, 279.
(2) Hume, XI, 286.
(3) Hume, XI, 287.

fanterie, et de 2000 chevaux, seroit prête
à marcher au premier ordre, par-tout où
le roi le desireroit, pour s'opposer aux
invasions, étouffer les insurrections,
ou pour toute autre cause qui pourroit
intéresser l'autorité, la puissance et, la
grandeur de sa majesté (1).

Ce fut avec toutes ces lois que passa
l'acte d'amnistie; et tant de précautions
pour la rendre illusoire, ne la préser-
vèrent pas d'être violée textuellement.
Les persécutions se prolongèrent durant
tout le règne de Charles II et de Jacques II. Vingt ans après que l'amnistie
avoit été décrétée, une proclamation du
conseil d'état créa des tribunaux am-
bulans. Ces tribunaux étoient chargés
de parcourir, pendant trois années, les
différentes contrées de l'Ecosse, de re-

---

(1) Burnet, I, 300.

chercher ceux qui avoient donné asyle, ou *conversé* (c'était le mot) avec les rebelles, lors même que ceux-ci n'auroient pas été connus comme tels, et de condamner comme traîtres, ceux qui seroient trouvés coupables d'une pareille *conversation* (1).

Hume nous rapporte le raisonnement du conseil d'état. Personne, disoit-il, ne pouvoit avoir été un rebelle, sans avoir été soupçonné par ses voisins. Le devoir de tout sujet fidèle étoit de communiquer ses soupçons au gouvernement. Manquer à ce devoir, étoit participer à la trahison. Avoir *conversé* avec un rebelle, étoit être soi-même un rebelle (2).

Nous n'avons pas encore traité la

_____

(1) Burnet, II, 345.
(2) Hume, XII, 6.

partie la plus importante du règne de Charles II. La révolution de 1648 avoit eu pour cause la religion. C'étoit donc la religion que la royauté devoit proscrire ; comme aujourd'hui, si la contre-révolution s'opéroit, elle proscriroit la liberté. Aussi les vexations religieuses furent-elles mille fois plus atroces que les vexations civiles.

Gardons-nous, par une partialité injuste et peu généreuse, de refuser notre intérêt à des hommes persécutés, parce qu'ils le furent pour des erreurs. Ces hommes aussi défendoient leurs droits. Erreur ou vérité, la pensée de l'homme est sa propriété la plus sacrée. Erreur ou vérité, les tyrans sont également coupables, lorsqu'ils l'attaquent. Celui qui proscrit, au nom de la philosophie, la superstition innocente, et celui qui proscrit, au nom de Dieu, la philoso-

phie , méritent également l'exécration
des hommes de bien.

Charles et ses ministres avoient con-
servé contre les presbytériens , tant de
l'Ecosse que de l'Angleterre, les res-
sentimens les plus amers. « Les presby-
» tériens , disoient ils , ont les premiers
» allumé la guerre ; les premiers, ils ont
» excité le peuple à l'insurrection. Leur
» zèle , leur influence , leurs richesses ,
» leurs lumières , ils ont consacré tout
» à la cause populaire. Si, dans la suite,
» ils ont protesté, d'une voix décréditée ,
» contre les derniers excès dont le roi
» fut victime, cette opposition tardive et
» vaine ne fournit qu'une excuse insuffi-
» sante à ces auteurs véritables de tous
» les malheurs de la patrie, de toutes
» les humiliations de la royauté. Ils ont
» contribué, sans doute, à la restauration,
» mais nullement par des motifs d'af-

» fection sincère pour la cause royale ;
» ils n'ont été dirigés, que par l'indigna-
» tion de leur ambition trompée, par
» la crainte des persécutions, que les ré-
» publicains leur avoient fait éprouver;
» et tellement incorrigibles sont ces par-
» tisans effrénés d'une liberté chimé-
» rique, que déjà leurs discours annon-
» cent le renouvellement d'une résis-
» tance criminelle et de séditieuses ré-
» clamations (1).

---

(1) By the presbyterians, said they, the war was
raised, by them the populace was first incited to
tumults. By their zeal, interest et riches, were the
armies supported : by their force was the king sub-
dued : and if in the sequel, they protested against
those extreme violences, committed on his person,
by the military leaders, their opposition came too
late, after having supplied these usurpers with the
power and the pretences, by which they maintai-
ned their sanguinary measures. They had indeed
concurred with the royalists in recalling the king :

Tels étoient les reproches qu'adres-
soient de toutes parts les royalistes aux
presbytériens. Tels seroient ceux que,
parmi nous, les contre-révolutionnaires
triomphans feroient aux constitutionnels
de 1791.

Néanmoins, comme les presbytériens
d'Ecosse avoient une très-grande influence, Charles, dans la première année de son règne, avoit cru nécessaire
de les rassurer. Il avoit confirmé, par
une lettre publique, l'église presbytérienne, telle que les lois l'avoient éta-

---

but ought they to be esteemed, on that account,
more affectionate to the royal cause ? Rage and
animosity, from disappointed ambition, were plainly
their sole motives ; and if the king should now be
so imprudent as to distinguish them by any parti-
cular indulgence, he would soon experience from
them the same hatred and opposition, which had
proved so fatal to his father.

blie (1),

blie (1), se réservant, par une interpré-
tion secrète, de renverser cette église,
en faisant rapporter ces lois (2). En
effet, quelques mois après cette lettre,
qui avoit été reçue avec des transports
de joie, le parlement, par un acte dont
nous avons parlé, ayant rapporté toutes
les lois promulguées depuis 1633, celles
qui consolidoient le culte presbytérien,
furent comprises dans cette révocation
générale (3).

Le premier acte qui fut proposé dans
la seconde session de ce parlement, fut
le rétablissement solemnel de l'épiscopat,
et une loi provisoire contre toutes les
réunions presbytériennes (4). Plusieurs

---

(1) Burnet, I, 154.
(2) Burnet, I, 155.
(3) Hume, XI, 23.
(4) Burnet, I, 206.

D

ministres presbytériens furent sommés
de rendre compte de quelques expressions défavorables à la suprématie des
évêques (1). Mais ces expressions étant
générales, et susceptibles de sens différens, l'on imagina de soumettre les ministres à un serment, que l'on nomma
serment de suprématie (2); ceux qui
refusèrent de prêter ce serment, que
l'on avoit eu soin de rendre aussi vague
que possible, en interdisant toute explication, furent condamnés à un ban-
nissement perpétuel (3). Il faut observer
que les auteurs de ces lois étoient ceux
même, qui, naguères, s'étoient plaints,
avec le plus d'amertume, de l'injustice
exercée contr'eux par les républicains,

---

(1) Burnet, I, 208.
(2) Burnet, I, 209.
(3) Burnet, I, 210.

en exigeant d'eux des sermens (1). Tant
les partis opposés se servent avec empressement des armes dont ils repro-
choient l'usage à leurs adversaires, et
tant les hommes, qui n'ont pas une moralité fixe et des principes inébranlables,
sont enclins à considérer, comme légi-
times dans leur cause, les moyens qu'ils
regardoient comme épouvantables dans
la cause de leurs ennemis !

Lorsque des lois injustes sont proclamées, elles nécessitent des moyens
atroces. L'on procéda contre les ministres par des exécutions militaires. Des
soldats furent envoyés pour les arracher
de leurs chaires, et pour les traîner en

---

(1) So soon did men forget all their former com-
plaints of the severity of imposing oaths, and began
to set on foot the same practises now, when they had
it in their power to do it. Burnet, I, 210.

prison (1). Tous ceux qui n'assistoient pas au culte ordonné, furent condamnés à des amendes, déterminées arbitrairement, par le commandant militaire envoyé pour les subjuguer (2). Des soldats furent placés à discrétion, chez tous ceux que l'on soupçonnoit de malveillance (3). Et que l'on n'accuse pas les instrumens féroces de cette révoltante oppression d'avoir excédé leurs pouvoirs ; car il fut prouvé, par l'examen de leurs instructions, qu'ils étoient restés encore en-deçà des ordres qu'ils avoient reçus (4).

Enfin, ces persécutions ayant irrité ce

---

(1) Burnet, I, 223.

(2) Burnet, I, 309.

(3) Burnet, I, 309.

(4) Je ne puis m'empêcher de rapporter ici un exemple remarquable de la douceur naturelle au peuple, lorsqu'il est abandonné à lui-même, au milieu de ses agitations les plus tumultueuses. Ceux

peuple infortuné, quelques réunions se formèrent, pour demander, avec les protestations les plus soumises d'obéissance à sa majesté, le rétablissement de la religion presbytérienne et de ses anciens ministres (1). La cour nomma,

---

qu'on appeloit les rebelles en Ecosse, c'est-à-dire, ceux qui refusoient de renoncer à leurs opinions, et de mentir à leurs consciences, se saisirent de la personne du chevalier Turner; qui commandoit les troupes destinées à les asservir. Cet officier s'étoit porté contr'eux aux excès les plus arbitraires, et leur premier mouvement fut de l'en punir. Mais ayant examiné ses papiers, ils trouvèrent qu'ils contenoient des ordres plus violens encore, et qu'il en avoit adouci l'exécution. La reconnoissance remplaça dans leur ame le ressentiment ; et, bien que réduits au désespoir, et menacés de supplices affreux qu'ils ne tardèrent pas à subir, ils rendirent à leur prisonnier la vie et la liberté. Burnet, I, 309; Hume, XI, 120.

(1) Burnet, I, 342; Hume, XI, 120.

pour dissiper ces réunions, un officier
qui avoit servi long-tems en Russie (1);
comme si ce climat barbare avoit de tout
tems été destiné à répandre ses esclaves
sur l'Europe civilisée , pour soutenir
toutes les espèces de tyrannie , et pour
faire prévaloir tous les genres d'abrutissement. Les malheureux, qu'on appeloit des
rebelles , furent entourés par les troupes
royales. Ils les attendirent en chantant
des pseaumes. Quarante furent tués ;
cent trente furent pris. Dix furent pen-
dus à Edimbourg, trente-cinq à la porte
de leurs chaumières, aux yeux de leurs
femmes et de leurs enfans (2). L'un d'eux
fut mis à la torture , en présence du
conseil d'état et des ministres épisco-
paux (3). L'armée victorieuse se livra

---

(1) Burnet, I, 349; Hume, XI, 119.
(2) Burnet, I, 345-349; Hume, XI, 121.
(3) Burnet, I, 348; Hume, XI, 122.

ensuite à tous les excès. Leur commandant tuoit froidement des paysans sans
défense. Il fit pendre un fils, pour avoir
refusé de lui révéler où était son père (1).

Les lois contre les réunions religieuses
étant néanmoins désobéies, comme le
seront toujours les lois illégitimes, elles
nécessitèrent, comme le feront toujours
les lois de ce genre, un redoublement
de sévérité. Toutes les réunions dans
les campagnes furent proclamées punis-
sables par la mort et la confiscation des
biens (2). Des récompenses pécuniaires
furent promises à quiconque arrêteroit
les coupables; et tout meurtre, commis
dans cette intention, fut déclaré pardonné d'avance (3). Comme il étoit dif-

---

(1) Burnet, I, 349.
(2) Hume, XI, 277; Burnet, I, 425.
(3) They were indemnified for any slaughter

4

ficile de trouver des témoins contre ces réunions, l'on ajouta, par une autre loi, que le refus de les dénoncer devant le conseil, seroit puni par une amende arbitraire, par l'emprisonnement, et par la déportation (1). « C'est ainsi, dit » Hume, que toute persécution conduit » naturellement, ou plutôt nécessaire- » ment, aux injustices aussi bien qu'aux » cruautés de l'inquisition. » Lorsque les châtimens que la raison réserve aux grands crimes, sont appliqués à des actions, qu'une partie de la société considère comme un devoir, et que les plus honnêtes du parti contraire regardent comme indifférentes ou comme excusables, le législateur est obligé, pour sou-

---

which they might commit in the execution of such an undertaking. Hume, XI, 277.

(1) Hume, XI, 278.

tenir cette première iniquité, de mul-
tiplier à l'infini les iniquités secondaires,
et pour faire exécuter une seule loi
tyrannique, de compiler un code entier
de proscriptions et de sang.

L'on exigea, de tous les propriétaires,
sous les mêmes peines de confiscation,
de déportation, de mort, de se rendre
garans pour eux, pour leurs femmes,
pour leurs enfans, pour leurs domesti-
ques, pour leurs fermiers, pour tous
ceux qui habitoient sur leurs domaines,
qu'ils n'assisteroient à aucune réunion (1).
Sur le refus de plusieurs d'entre ces propriétaires, huit mille montagnards furent
répandus dans les Comtés les plus peu-
plés et les plus industrieux de l'Ecosse.
Ces montagnards étoient des hommes à
demi-sauvages, élevés dans l'ignorance

_____

(1) Burnet, II, 183 ; Hume, XI, 284.

des lois , dans l'habitude de la rapine. Rien ne put échapper à leur ingénieuse et cruelle avidité. Ils employèrent les menaces, la violence, les tourmens, pour découvrir les trésors que leurs victimes avoient tenté de leur dérober , et dans cette scène d'horreur , ils outragèrent également le sexe , l'âge , la foiblesse et l'innocence (1).

Malgré tant de preuves de zèle , de la part des adhérens de la cause royale en Ecosse , Charles crut que des troupes anglaises exécuteroient mieux encore ses intentions. Au bruit d'une résistance légère , opposée à quelques soldats , par une réunion religieuse , il envoya le duc de Monmouth à la tête d'un corps de cavalerie (2). Ce général , ayant ren-

---

(1) Burnet, II, 183; Hume, XI, 285.
(2) Burnet, II, 267.

contré l'armée rebelle que le désespoir
avoit grossie , si toutefois l'on peut appe-
ler armée un rassemblement presque sans
armes , la dispersa sans peine , et fit
douze cents prisonniers. Jeune et généreux , Monmouth en mit un grand nombre en liberté (1). Le roi et le duc de York
lui reprochèrent amèrement de ne les
avoir pas massacrés tous (2). Ce dernier ,
quelque tems après, se rendit lui-même
en Ecosse. Il fit mettre hors la loi plus
de deux mille personnes. Il envoya dans
toutes les maisons des soldats, des
espions , des dénonciateurs et des juges (3). Il assistoit lui-même à la tor-

---

(1) Hume , XI , 359.

(2) The king himself said to him , that if he had
been there, they should not have had the trouble of
prisoners. Burnet , II , 269.

(3) Hume , XII , 17.

ture des suspects (1). Trois questions étoient adressées aux accusés. Le silence ou l'hésitation étoient suivis de la mort (2). Des femmes furent pendues (3), d'autres noyées. Parmi ces dernières, une fille de dix-huit ans, et l'autre de treize (4). Quelques misérables, devenus frénétiques par l'oppression, publièrent une déclaration séditieuse. Aussi-tôt, tous les officiers furent autorisés à demander, à tous ceux qu'ils rencontreroient dans les chemins et dans les rues, d'abjurer cette déclaration, avec ordre, s'ils refusoient, de les fusiller sur le lieu même, sans avoir besoin de constater leur refus (5).

(1) Hume, XII, 15.
(2) Hume, XII, 17.
(3) Hume, *ibid.*
(4) Hume, XII, 18.
(5) Hume, *ibid.*

C'est de cette administration que Charles, après avoir écouté le long détail de
toutes ces horreurs, répondit : « Je vois
» bien que mes ministres d'Ecosse ont
» vexé le peuple ; mais je ne vois pas
» qu'ils aient rien fait de contraire à mes
» intérêts (1). »

Tandis que l'Ecosse étoit ainsi dé-
vastée, un genre différent de tyrannie
s'exerçoit en Irlande. Une grande partie
des terres de ce royaume appartenoit
à des acquéreurs de biens nationaux ; le
roi, par une déclaration positive, avoit
confirmé leurs acquisitions. Un tribunal
fut néanmoins établi, pour examiner leurs
droits, et les réclamations des anciens
propriétaires. Les membres de ce tribunal, ne sachant d'après quel principe
procéder dans leurs jugemens, ne virent

_____

(1) Hume, XI, 288.

dans la puissance dont ils étoient revêtus qu'un moyen de s'enrichir. Leurs actes ne présentent qu'une longue suite de vénalité et de corruption. Un grand nombre d'acquéreurs fut dépouillé, et ceux qui conservèrent leurs propriétés furent ruinés par les présens qu'exigeoient leurs insatiables juges (1).

Nous allons maintenant parler de l'Angleterre. Elle nous offre un spectacle différent. Une loi positive d'amnistie empêchoit le roi de livrer cette contrée, comme l'Ecosse, à toute la violence des exécutions militaires. Il falloit recourir à l'artifice pour éluder cette loi, attribuer des délits imaginaires aux coupables qu'on vouloit punir de crimes publiquement pardonnés, supposer une découverte pour motiver chaque vengeance,

_____

(1) Hume, XI, 124 ; Burnet, I, 254.

et présenter à la nation, comme des
séditieux nouvellement démasqués, chacun des malheureux proscrits dès long-
tems comme des rebelles. De-là la sub-
version de toute justice, la vénalité des
témoins, l'impudeur et la corruption des
juges, la violation de toutes les formes,
et cette longue suite d'iniquités absurdes
et révoltantes, qui caractérisent toutes
les époques de l'histoire, où les gouvernemens, devenus ennemis et accusateurs
du peuple, rangent les citoyens sous
différentes bannières, pour en former,
pour ainsi dire, différens corps de cons-
pirateurs.

En Angleterre, comme en Ecosse,
les presbytériens furent les objets de la
haine commune du parlement et de la
cour. Mais réunis dans leurs ressenti-
mens, ces deux pouvoirs se divisèrent
dans leurs affections.

Le roi voyoit avec plaisir la persécution des anciens amis de la liberté : mais il auroit voulu protéger les défenseurs constans de la monarchie, c'est-à-dire, les catholiques (1). Le parlement, au contraire, ne montrant de servilité que pour le mal, vouloit faire peser sur les uns et sur les autres un joug également tyrannique (2). Alors s'éleva, entre les autorités qui dominoient sur l'Angleterre, une lutte sourde, mais constante, qui, loin de tourner au profit de la liberté, n'eut jamais pour résultat qu'un redoublement d'oppression, tantôt contre une classe de victimes, tantôt contre l'autre. De même, si le despotisme monarchique se relevoit parmi nous, les divisions de nos maîtres ne feroient que rendre.

---

(1) Hume, XI, 5o.

(2) Hume, XI, 52.

notre

notre sort plus déplorable. Les magistrats émigrés l'ont annoncé déjà, qu'en
rétablissant le roi dans la plénitude de
sa puissance, un seul de ses droits, celui
de faire grace, devroit être limité (1);
et par une conformité bien remarquable,
nous trouvons, dans les débats du parlement d'Angleterre (2), à l'époque que
nous décrivons, des discussions animées,
pour savoir si la prérogative royale, que
l'on avoit, d'ailleurs, portée au-delà de
toutes les bornes, s'étendoit jusqu'à mi-
tiger les tourmens des criminels.

Nous ne donnerons pas ici la liste des
statuts absurdes, des réglemens puéri-
les, des vexations minutieuses, des me-

---

(1) Voyez *le Rétablissement de la Monarchie*, ouvrage publié par les magistrats émigrés en 1793,
et le *Développement des principes fondamentaux de
la Monarchie française*, ouvrage publié en 1796.

(2) Hume, XI, 392.

E .

sures coercitives , des lois pénales , que
chaque session du parlement vit éclore ,
sous le vaste prétexte de comprimer les
deux factions , c'est-à-dire , pour ravir à
quiconque ne professoit pas les opinions
dominantes, l'usage de ses droits impres-
criptibles et de ses libertés les plus
sacrées.

Nous dirons, que les vingt premières années du règne de Charles II nous présentent quinze prétendus complots , sous des
dénominations variées (1), et que, dans
chacune de ces procédures , l'on voit
figurer les mêmes espions, les mêmes
dénonciateurs , les mêmes témoins (2).

---

(1) This was no less than the fifteenth false plot,
or sham plot, as they were then called, with which
the court , it was imagined , endeavoured to load
their adversaries. Hume , XI , 411.

(2) *La horde nombreuse des espions , des témoins ,
des délateurs et des suborneurs , s'apercevant que la*

Ces témoins, la plupart condamnés pré-
cédemment pour vols, pour actes de
faux, pour les délits les plus infâmes (1),
étoient logés dans le palais de White-
hall, entourés de gardes, comblés de
pensions et de bienfaits (2). Pour cap-
tiver la confiance de juges bien dignes
d'eux, ils rétractoient chaque fois leurs
dépositions précédentes, et se décla-
roient, par un serment nouveau, coupables de parjure, dans les sermens anté-
rieurs qu'ils avoient prêtés.

---

puissance étoit toute entière entre les mains du roi,
se tourna tout-à-coup contre ses anciens maîtres, et
offrit ses services aux ministres. A la honte de la
cour, ils furent reçus avec empressement, et leur témoignage, ou, pour mieux dire, leurs parjures, furent
employés à légaliser de nouveaux assassinats. Hume,
XI, 412.

(1) Hume, XI, 298-338; Burnet, II, 194-272.
(2) Hume, XI, 312.

L'instruction de ces procès nombreux fut telle, qu'on devoit l'attendre de pareils hommes. Les délateurs se contredisaient à chaque instant (1) ; ils ne reconnoissoient pas ceux mêmes qu'ils avoient dénoncés, comme conspirant avec eux (2). Les pièces qu'ils produisoient ne contenoient rien qui corroborât leurs assertions (3). Mais la moindre incrédulité devenoit un crime. Hésiter, étoit de la complicité (4). Trois membres du parlement furent expulsés de la chambre des communes, pour avoir exprimé des doutes (5). On chercha, dans les prisons, des criminels d'assassinats, pour leur faire grace, et pour les placer

---

(1) Hume, XI, 329.
(2) Hume, XI, 299.
(3) Hume, XI, 315.
(4) Hume, XI, 305.
(5) Hume, XI, 338-378.

parmi les juges (1). Les accusés se voyoient outragés par le tribunal (2) interrompus par les hurlemens du peuple. Ce peuple furieux menaçoit de mettre en pièces ceux qui se présentoient pour déposer en faveur de l'innocence (3), et si quelques témoins bravoient ces menaces, ils étoient condamnés au pilori(4).

De la sorte périrent dans les supplices, tantôt de malheureux catholiques (5), tantôt de courageux protestans (6) : le véritable crime de ces derniers étoit d'avoir autrefois servi dans l'armée républicaine (7). Parmi les catholiques, le

(1) Burnet, II, 406.
(2) Hume, XI, 327.
(3) Hume, XI, 353.
(4) Hume, XII, 23.
(5) Hume, XI, 325, 325, 329, 352, 354.
(6) Hume, XI, 413; XII, 36-50.
(7) Walcott, Rumbold, Rumsey, etc. officiers

3

vicomte de Stafford , affoibli par l'âge et
par les infirmités , et que ses accusateurs
regardoient comme incapable de se défendre (1) , réveilla , dans ses derniers momens ; par son intrépidité tranquille et
douce ; les sentimens de l'humanité , dans
l'ame même de la populace. Le silence
des spectateurs ne fut interrompu que par
leurs gémissemens. Lorsqu'il les assura
de son innocence , ces voix grossières,
qui naguères demandoient , par des cris
tumultueux, sa condamnation et son sup-

---

républicains sous Cromwell. Quelques-uns d'entre
eux eurent la lâcheté de déposer contre leurs prétendus complices, et particulièrement contre Russel ;
ce crime leur sauva la vie. Le petit-fils de Hambden ,
n'ayant pas été trouvé coupable , ne fut condamné
qu'à une amende de 40,000 livres sterling , ou
960,000 livres de notre monnoie. Hume, XII ,
33 et seq.

(1) Hume , XI , 389.

plice, s'élevèrent au ciel en acclamations
unanimes d'assentiment et de pitié. « Nous
» savons que vous êtes innocent, mylord,
» mylord, nous vous croyons », retentit
de tous côtés sur ce théâtre de mort (1) ; et
cet élan de sensibilité, dans les plus dé-
daignées des classes sociales, fut une sentence terrible, qui couvre à jamais d'in-
famie les tyrans qui les égaroient. Vous
pérîtes alors, Essex, Sidney, Russel,
noms dignes de la vénération de tous les
siècles, derniers débris de la république,
dernières espérances de la liberté de l'Angleterre : les historiens de la royauté
n'ont pu vous refuser leurs hommages,
et votre mort flétrit, dans leurs écrits
mêmes, le règne dont ils ont voulu pal-
lier les horreurs. Aux excès de l'injustice se joignirent les raffinemens de la

_____

(1) Hume, XI, 394.

4

cruauté. Des hommes furent écartelés (1) ; d'autres, portés mourans sur les échafauds, et exécutés à l'agonie (2) ; et le président de ces tribunaux de sang, Jefferies, que le sort réservoit, sous Jacques II, à de nouveaux crimes, fut récompensé par l'intimité de Charles, par des présens et par des honneurs (3).

Ce règne de Jacques II, je ne le décrirai point : les écrivains les plus royalistes n'ont pas tenté de l'excuser. Après l'insurrection de Monmouth, deux monstres, Jefferies et Kirk, parcoururent l'Angleterre : ivres toujours et furieux (4), ils unirent par-tout les sup-

(1) Burnet, II, 418.
(2) Burnet, II, 429.
(3) Burnet, II, 420.
(4) Burnet, III, 44.

plices à la dérision (1) : c'étoit au son de la musique, qu'ils faisoient périr à-la-fois plusieurs centaines de condamnés (2). Innocens ou coupables furent livrés aux soldats (3). Le pays entier fut couvert

---

(1) Le Colonel Kirk, comme pour se jouer de la mort, fit exécuter un certain nombre de prisonniers, pendant qu'il buvoit à la santé du roi, de la reine, ou du grand-juge Jefferies. Observant que ces malheureux, en expirant, s'agitoient dans les convulsions de l'agonie, il s'écria qu'une pareille danse devoit être accompagnée de musique, et il ordonna aux tambours de battre, et aux trompettes de sonner. Il fit pendre un homme trois fois, en arrêtant chaque fois son supplice, de manière à lui conserver la vie, pour prolonger ses tourmens. Il exigea d'une jeune fille le sacrifice de son honneur, en lui promettant la grace de son frère, et lui fit voir de sa fenêtre, le lendemain, le cadavre de ce frère, exécuté pendant qu'elle étoit entre les bras de ce monstre. Hume, XII, 90-91 ; Burnet, III, 43.

(2) Hume, XII, 92.

(3) Hume, *ibid.*

de têtes et de membres déchirés (1).
Chaque village contempla les cadavres
de quelques-uns de ses habitans (2).
Une femme, connue pour sa bienfai-
sance, avoit donné asile à un fugitif;
le malheureux la dénonça ; il eut sa
grace : elle fut brûlée vive (3). Une
autre, de soixante-dix ans, dont le fils
servoit dans l'armée du roi, fut accusée
du même crime : trois fois les jurés la
trouvèrent innocente ; Jefferies la ren-
voya trois fois, avec ordre de la déclarer
coupable ; et ces instrumens, à jamais
infâmes, cédèrent à la terreur (4). Jacques II, pour s'excuser de n'avoir pas fait
grace à cette infortunée, dit qu'il avoit pro-

---

(1) Hume, *ibid.*

(2) Hume, *ibid.*

(3) Hume, XII, 93 ; Burnet, III, 46.

(4) Hume, XII, 94 ; Burnet, III, 48.

mis à Jefferies de ne soustraire à la mort
aucun de ceux qu'il condamneroit (1).
C'est ainsi que nous avons vu le tribunal
révolutionnaire, s'irriter de ce que les
décemvirs avoient retardé le supplice de
quelques victimes, et demander, pour
récompense de ses homicides services,
l'exécution immédiate de ses sentences,
et la réciprocité des forfaits.

Telles furent les suites de la restauration de Charles II. Spoliation des acquéreurs de biens nationaux en Irlande,
dévastations militaires en Ecosse, assassinats juridiques en Angleterre ; cette
époque réunit tous les fléaux, que la tyrannie des gouvernemens peut verser sur
l'espèce humaine ; et néanmoins, comme
l'observe Burnet, les circonstances de
ces royaumes étoient de nature à rendre

_____

(1) Hume, XII, 94.

la contre-révolution la moins violente
et la plus douce possible.

« La nation anglaise, dit cet écri-
» vain (1), eut un grand bonheur pen-
» dant la longue durée des guerres ci-
» viles : c'est que les étrangers ne s'in-
» troduisirent jamais dans son sein.
» L'Espagne étoit affoiblie ; la France
» étoit gouvernée par un ministère indé-
» cis et timide. Le peuple anglais resta
» donc entièrement livré à lui-même :
» sa volonté seule rétablit les choses

---

(1) The nation had one great happiness during
the long course of the civil war, that no foreigner
had got footing among them. Spain was sinking
to nothing : France was under a base spirited mi-
nister. The nation was by this means entirely in its
own hands, and in a condition to put every thing
in joint again : whereas, if foreigners had been pos-
sessed of any important place, they might have had
a large share of the management, and would have
been sure of taking care of themselves. Burnet, I, 124.

» dans leur état primitif; au lieu que si
» des étrangers avoient pris aux que-
» relles nationales une part active, ils
» se seroient emparés de la direction des
» affaires, et n'auroient songé qu'à pro-
» fiter de l'épuisement qui avoit succédé
» à nos convulsions. »

En lisant ces paroles de Burnet, écri-
tes il y a près d'un siècle, quel lecteur
attentif peut n'être pas frappé des différences qui distinguent cette situation de
l'Angleterre de notre situation actuelle ;
différences qui rendroient le rétablissement de la royauté mille fois plus redou-
table parmi nous ?

Charles II fut rappelé par un parlement horriblement coupable, sans doute,
et misérablement timide ; mais par un
parlement composé d'Anglais. Un général
anglais, des troupes anglaises, qu'aucune
défaite n'avoit humiliées, lui firent vo-

lontairement l'absurde honneur de le choisir pour roi. Il conserva donc, pour l'Angleterre, un intérêt de possesseur ; il conserva, pour les lumières, une sorte d'inclination personnelle : le fanatisme avoit ôté la vie à son père : il dut aimer, sinon la philosophie, du moins l'incrédulité religieuse, par qui seule le fanatisme pouvoit être désarmé.

Nous, au contraire, nous voyons aujourd'hui des hommes, que l'Europe policée regarde encore comme des sauvages, nous offrir un joug étranger. Un prétendant, esclave des Russes, attend la destruction de nos bandes généreuses, pour devenir le maître de la France déchirée ; il attend en sûreté, loin des combats qui se livrent pour sa cause, que les barbares, qu'il a soulevés contre son pays, lui annoncent que la mort, le pillage et l'incendie lui ont frayé la route sanglante de cette contrée qui le repousse de son sein : alors, revêtu d'un pouvoir conquis par d'autres, monarque tribu-taire, triomphateur dépendant, libre seu-lement dans ses vengeances, mais ins-trument lui-même des vengeances de ses alliés, il dicteroit à des Français les lois que lui dicteroient les Russes : ces lois, destinées d'abord à frapper le centre des idées républicaines, le seroient bientôt à détruire un empire puissant dans la balance de l'univers : la main des étran-gers, dans sa fureur habile, étoufferoit toutes nos ressources en nous enlevant notre liberté : leurs premiers efforts se-roient contre nos lumières, mais leur seconde pensée seroit contre notre force; et leur prévoyance destructive exigeroit, du roi leur sujet, des garanties de foi-blesse et d'asservissement éternel.

Prévenir la contre-révolution, main-

tenir la république, est donc l'intérêt
commun de toutes les classes des Français. D'où vient néanmoins cette indifférence universelle, ce sommeil profond,
dans lequel le peuple paroît plongé, au
milieu des dangers qui l'environnent?

Nos guerriers soutiennent une lutte
inégale; des hordes farouches s'avancent
vers ce territoire sacré, dont la pensée
même de nos ennemis auroit naguères
frémi d'approcher : et cette nation, victorieuse, il y a peu de mois, sur le Rhin,
sur le Tibre et sur le Danube, cette nation qu'imploroit de toutes parts l'univers soumis, voit, sans douleur, tomber
l'élite de ses héros, et s'évanouir cette
renommée, garant de sa puissance, et
gage assuré de la paix !

Une telle dégradation de l'esprit public tient à des causes qu'il est important de dévoiler. Il n'est pas naturel

aux

aux hommes de se désintéresser de leur propre sort, de se montrer indifférens à ce qui décide de leur repos, de leur fortune, de leur vie, de celle de leurs femmes et de leurs enfans. Le manque d'esprit public, dans les gouvernés, est une preuve infaillibe, ou d'ineptie dans les gouvernans, ou d'imperfection dans les institutions mêmes.

Mais les institutions sont imparfaites, toutes les-fois que l'ineptie de quelques hommes peut entraîner l'état au bord d'un abîme.

Nos maux viennent sans doute de la dictature accordée au directoire. Ce n'est pas que je croie à ces conspirations, découvertes tardives des partis vainqueurs contre les vaincus, fables absurdes, auxquelles on rapporte les faits les plus éloignés, et dont on pense avoir besoin, pour expliquer les effets naturels de l'a-

F

mour du pouvoir, la passion la plus inhérente au caractère de l'homme. Cromwell, en opprimant l'Angleterre, n'étoit d'accord ni avec la France, ni avec l'Espagne; mais il vouloit dominer sur les Anglais. César, en usurpant la dictature, n'étoit complice ni des Gaulois, ni des Parthes : il vouloit être maître des Romains.

Je ne crois donc point, je le répète, à ces conspirations prétendues à la faveur desquelles la haine prépare des persécutions nouvelles, au moment même de la chûte des anciens persécuteurs. Je crois à l'ignorance obstinée, à la sécurité aveugle, au mépris des lumières, à l'aversion pour le talent, signes distinctifs et inséparables d'un pouvoir sans bornes.

Mais, de cela seul que nos institutions actuelles ont permis ou nécessité l'existence d'un pareil pouvoir, je conclus qu'elles ne sont pas complètes, qu'elles ne renferment pas toutes les garanties que demandent le salut de la république et la défense de la liberté.

La constitution de l'an III, rédigée dans un moment d'orage, eut pour objet de nous préserver des excès particuliers dont nous avions été victimes : mais il est d'autres périls contre lesquels elle ne présente aucune disposition tutélaire. Je ne veux nullement qu'on change ses bases; mais il me semble important de pourvoir à ses lacunes.

Les dépositaires des autorités qu'elle a créées, sont réduits sans cesse à la froisser, à l'éluder, à la violer même ouvertement dans leurs actes, en affichant, pour elle, dans leurs discours, une profonde vénération : cette espèce d'hypocrisie, quelque louables qu'en soient les motifs, ces contradictions perpétuelles entre le langage et les actions, entre les considérans et les lois, tendent à fausser les idées du peuple : c'est une sorte de persiflage, qui l'humilie à ses propres yeux. L'incertitude s'introduit ainsi dans les principes des gouvernés, l'arbitraire dans la conduite des gouvernans.

Ces derniers s'arrogent cet arbitraire, d'abord avec des intentions pures ; mais leurs intentions se dénaturent bientôt : ils cherchent à consolider et à étendre, pour eux-mêmes, la puissance dont ils s'étoient emparés pour le bien public ; et le gouvernement, que l'on nomme encore constitutionnel, devient une suite d'usurpations, une dictature, que s'arrachent les partis divers, mais qui n'en est pas moins toujours également oppressive pour le corps de la nation.

De là résulte le manque d'esprit public, dont nous nous plaignons aujourd'hui.

Ce manque d'esprit public est la suite

d'une conviction générale et profonde ,
que rien encore n'est stable parmi nous ,
parce que les pouvoirs n'ont aucune
garantie l'un contre l'autre , et que les
citoyens n'ont aucune garantie contre
les pouvoirs.

L'on ne peut oublier le sort de la repré-
sentation nationale au 18 fructidor , celui
du directoire au 28 prairial , et nulle puissance surnaturelle ne descendra du ciel ,
pour nous persuader soudain , que ce
qui s'est opéré deux fois , sans obstacle ,
ne peut se répéter jamais.

Il faut donc, en conservant nos principes constitutionnels , l'amovibilité des
dépositaires du pouvoir , l'abolition de
tout privilége héréditaire , la souverai-
neté nationale , légitimement représen-
tée , et la division du corps représentatif,
donner à notre pacte social les moyens
d'exécution , qu'on a remplacés jusqu'à

3

ce jour, par des convulsions révolution-
naires, et la garantie sans laquelle une
constitution n'est que l'étendard banal
des partis, qui se le disputent et se l'arrachent tour-à-tour.

Dira-t-on que le moment actuel n'est
pas favorable à des additions, qui pour-
roient effrayer une nation déjà fatiguée?
Mais comment cette nation seroit-elle
plus effrayée par une modification con-
servatrice, qui ne froisseroit aucun de
ses intérêts, que par une succession per-
pétuelle de moyens violens, dont l'uti-
lité n'est que passagère, et dont l'irrégu-
larité prolonge l'agitation contre laquelle
ils sont dirigés?

Je ne propose point, au reste, des amé-
liorations immédiates (1) : mais je crois

_____

(1) On trouvera dans le commentaire joint à la
traduction de l'ouvrage de Godwin, qui va paroître

qu'il seroit utile de s'avouer, d'annoncer au peuple, dès-à-présent, que l'instabilité qui peut résulter des lacunes de la constitution actuelle, ne tardera pas à disparoître.

Ce que le peuple desire aujourd'hui, c'est le repos : ce qu'il veut, c'est que la république remplace enfin la révolution : ce qui est populaire, c'est ce qui est juste et moral : ce qui rattachera tous les Français à la cause de la liberté, c'est la certitude que des institutions perfectionnées les préserveront, pour jamais, des ressources trompeuses de la violence, et que leur gouvernement n'aura plus

---

incessamment, un examen approfondi de tous les principes d'une constitution républicaine. J'ai tâché d'y établir le système qui me paroît seul propre à consolider la liberté, et à l'entourer des moyens d'application qui lui manquent parmi nous.

4

besoin , dans sa marche paisible , du mouvement désordonné des factions.

Alors l'esprit public renaîtra , parce
qu'il est le fruit de la sécurité , de l'ordre,
de l'amélioration régulière et progres-
sive. La guerre alors , la guerre même,
ce dernier effort qu'exige de nous la destinée , redeviendra l'impulsion nationale.
Des Français n'ont besoin pour vaincre ,
que d'être assurés que la victoire leur
ramènera la paix. Notre haine ne sera
plus divisée entre des gouvernans arbitraires , et des étrangers menaçans. Tous
nos desirs , tous nos moyens , toutes nos
passions se dirigeront vers un seul but.
S'il existe encore sur la terre de ces
hommes , que le hasard fit naître en
France , mais que la nature fit étrangers , de ces amans de la servitude , qui,
n'osant s'armer pour la reconquérir ,
aspirent à recevoir des fers de la main

des hordes barbares, ils sentiront peser sur eux-mêmes la honte de leurs vœux impuissans et de leurs ignobles espérances.

Mais aussi long-tems que des institutions incomplètes nécessiteront l'arbitraire, l'esprit public, s'épuisant de tems à autre en convulsions inutiles, retombera toujours dans une mortelle apathie; nous en avons la preuve aujourd'hui. La nation, qui gémissoit dans la servitude, ne croit point à sa délivrance. Elle refuse de lever la tête, bien que son joug sera brisé, et reste triste et courbée, prête à recevoir un joug nouveau.

Cependant, des fragmens de factions ressuscitées remplissent les airs de dénonciations confuses. La calomnie, qui, depuis dix ans, parcourt en tout sens ce vaste empire, pour y moissonner les lumières, les talens, le dernier espoir d'une génération décimée, exerce sans interruption sa destructive influence.

Une oppression commune auroit dû réconcilier tous les opprimés : un péril universel nous fait une loi de nous réunir, et déjà nous tournons contre nous-mêmes nos mains à peine libres encore. Jouets d'un petit nombre de dénonciateurs infatigables, mille voix, désastreusement dociles, portent par-tout les soupçons, les haines, les défiances. La calomnie ne respecte, ni les exploits de nos généraux, ni leurs efforts, ni leur mort glorieuse. J'ouvre ces innombrables libelles, qui semblent conspirer de nouveau contre la liberté de la presse ; j'y vois inscrits au nombre des traîtres, les noms des héros, qui ont ramené vers nos frontières des armées que l'ignorance avoit dispersées, les noms des législateurs qui, vainqueurs de la tyrannie, pensent que la nation doit être de quelque chose dans leurs discours, et dans leurs lois, les noms des écrivains qui osent réclamer les principes dont l'oubli, durant dix-huit mois, a causé tous nos malheurs.

Que prétendez-vous donc, délateurs perpétuels ? N'avez-vous pas précipité dans la tombe assez d'hommes illustres, assez de citoyens vertueux ? Vous êtes en bien petit nombre, je le sais : mais vos voix retentissent au milieu du silence national, les échos les multiplient, et le peuple, étourdi de ce bruit inattendu, croit qu'il existe un autre peuple invisible, qui lui dicte des lois, et lui prépare des fers.

Vous nous parlez d'esprit public ; mais si l'esprit public est mort, c'est vous seuls qui l'avez tué. Vous avez froissé dans les ames les derniers germes de

l'estime, de ce sentiment consolateur,
que l'homme a besoin d'éprouver pour
ses semblables, s'il veut pouvoir le conserver pour lui-même. Vous avez brisé
les plus douces, les plus nobles affections de la nature. L'amitié, la confiance, l'enthousiasme, vous nous avez
tout ravi. Chacun craint de s'attacher à
quiconque peut tomber votre victime.
On s'éloigne du talent, parce que l'on
sait qu'il vous fait envie ; on s'éloigne
de la vertu, parce que vous menacez de
la déchirer ; on s'éloigne du courage,
parce que seul il vous affronte, et que l'on
craint d'être entraîné dans sa perte. Chacun se tait, chacun s'isole. Celui que vous
attaquez baisse la tête, dans l'espoir in-
sensé de vous désarmer par son silence.
Celui que vous n'attaquez pas encore,
vous ouvre un libre passage, se flattant
d'être ménagé par vous. Faiblesse infruc-
tueuse ! inutile lâcheté !

Pour relever l'esprit public, il faut imposer silence à la calomnie, non par des lois prohibitives, qu'elle saura toujours éluder, mais par des institutions répressives de l'arbitraire que la calomnie arme contre l'innocence, par une alliance de moralité entre tous les citoyens, qui, créant un tribunal d'opinion, dispense l'homme indignement attaqué de chercher, dans des formes lentes et trompeuses, un insuffisant recours. Il faut que la calomnie s'épuise et se rebute en efforts infructueux, que l'indignation ressuscitée la repousse, que la nation qu'elle avilit se réveille, et d'une voix forte et unanime, couvre ses honteuses clameurs.

C'est alors que nous formerons véritablement un peuple. Car un peuple sans opinion, n'est qu'un rassemblement confus d'étrangers défians, ou d'ennemis acharnés. Sans la puissance de l'opinion, il n'exista jamais de puissance nationale. L'opinion seule est le lien des hommes, la base de la morale, la récompense des vertus. C'est là ce que vous avez détruit, tourbe de délateurs, et ce qu'il faut relever. Il faut rétablir entre tous les citoyens irréprochables une solidarité de réputation. Vous paroîtrez alors dans votre petit nombre, et les étrangers qui nous observent reconnoîtront la nation française, quand elle sera séparée de vous; ils apprendront à respecter la France, lorsque vous n'en ferez plus partie, et nous jugeront dignes d'estime, lorsqu'ils nous verront vous accabler de mépris.

F I N.